家庭教育指导能力框架

——全员导师制下教师的应知应会

李敏 宋崔 金德江 著

上海教育出版社
SHANGHAI EDUCATIONAL
PUBLISHING HOUSE

目录 | Contents

《家庭教育指导能力框架——全员导师制下教师的应知应会》起草说明

为进一步落实中小学生全员导师制，促进中小学教师家庭教育指导能力提升，结合各地区政策文件、实践成果及全国范围内的问卷调研分析，特研究起草了《家庭教育指导能力框架——全员导师制下教师的应知应会》（以下简称《能力框架》），现将起草情况说明如下。

一、起草背景

《教育部等十三部门关于健全学校家庭社会协同育人机制的意见》（教基〔2022〕7号）中强调"学校充分发挥协同育人主导作用"，"加强家庭教育指导。学校要把做好家庭教育指导服务作为重要职责，纳入学校工作计划，充分发挥学校专业指导优势；切实加强教师家庭教育指导能力建设，将教师家庭教育指导水平与绩效纳入教师考评体系"，"鼓励有条件的学校建立网上家长学校，积极开发提供家庭教育指导资源，……每学期至少组织2次家庭教育指导活动，积极宣传科学教育理念、重大教育政策和家庭教育知识，介绍学校教育教学情况，回应家长普遍关心的问题"。

《中华人民共和国家庭教育促进法》中明确规定："第三十九条 中小学校、幼儿园应当将家庭教育指导服务纳入工作计划，作为教师业务培训的内容。第四十条 中小学校、幼儿园可以采取建立家长学校等方式，针对不同年龄段未成年人的特点，定期组织公益性家庭教育指导服务和实践活动，并及时联系、督促未成年人的父母或者其他监护人参加。第四十一条　中小学校、幼儿园应当根据家长的需求，邀请有关人员传授家庭教育理念、知识和方法，组织开展家庭教育指导服务和实践活动，促进家庭与学校共同教育。"

在立德树人的时代背景下，为了落实育人为本的教育要求，提高育人质量，北京、上海、广东、江苏、贵州、青海等地试点实施中小学生全员导师制。

以上海为例。2020 年 9 月，《上海市教育委员会关于推行中小学生全员导师制的试点方案》制定，从 6 个区试点，逐步推广至 2021 学年秋季学期起在全市全面推行中小学生全员导师制；经过探索与实践，2023 年 7 月，上海市教育委员会印发《上海市中小学生全员导师制工作方案》（沪教委德〔2023〕25 号）（以下简称《工作方案》），这标志着中小学生全员导师制正式在上海全面实施，并纳入教育综合改革和育人方式改革全局。《工作方案》明确全员导师制在育人机制上更加重视中小学教师的家校沟通与家庭教育指导工作，强调导师与家长的真诚互动、相互支持，充分发挥中小学教师在家校共育领域的关键作用，进一步健全家校协同机制。

二、起草过程
（一）需求分析

自 2020 年上海中小学生全员导师制在部分区域开展试点起，基于全员导师制的实施背景，开始酝酿《能力框架》。相关工作人员于 2021 年 10 月发起"上海市中小学生全员导师制培训者专项培训"，经过三期培训反馈与教师问卷调查，广泛收集中小学教师在家庭教育指导方面的现有能力水平、面临的困难、潜在的需求等信息；通过问卷调查，收集教师对家庭教育指导的实际需求和建议。根据信息整理与结果分析，我们明确了中小学教师在家庭教育指导方面需要提升的能力要素。

（二）文献研究

我们深入研究全员导师制、家庭教育、教师家庭教育指导等方面的文献资料，为制定《能力框架》奠定科学性和前瞻性基础。

（三）草案编制

我们根据需求分析和文献研究结果，把全员导师制下中小学教师家庭教育指导能力划分为四个维度，针对每个维度制定具体的能力标准，确保《能力框架》的全面性和可操作性。草案初稿完成后，我们将其公布给一线教师、家长和教育管理者等，收集有关人员的意见和建议，以进一步完善和优化草案。

《能力框架》在起草过程中可能存在考虑不周全之处，读者可将问题或建议反馈至邮箱 songkainany@126.com，我们将认真研究后给予答复，以期更好地完善和优化能力标准的内容，促进教师专业成长，提升家校共育合力，为学生的全面发展创造更健康的教育生态。

全员导师制下中小学教师家庭教育指导能力现状调研分析

为有效落实全员导师制相关工作要求，增强全体教师的育人意识和育人能力，更加清楚地了解学校家庭教育指导服务现状、问题和教师培训需求，更有针对性地开展教师家庭教育指导、家校沟通、心理辅导等专项培训，增强培训效果，切实提高中小学教师家庭教育指导能力，更科学、有效地开展家校沟通和家庭教育指导工作，特制定并下发该调查问卷。

本次问卷的调研对象覆盖全国各地的中小学教师、学校领导、教育学院教研员，累计收到有效问卷 2906 份。为了保证调研数据的准确性，问卷采用了自愿、匿名、线上填写的方式，因此收到的有效问卷的数量存在区域分布不均衡的特点。

一、基本信息调研

其一，在参与本次调研的群体中，女性教师所占比例较大，为81.07%（见图 1）。大学本科学历的教师占 76.98%，硕士研究生学历的教师占 20.27%（见图 2）。

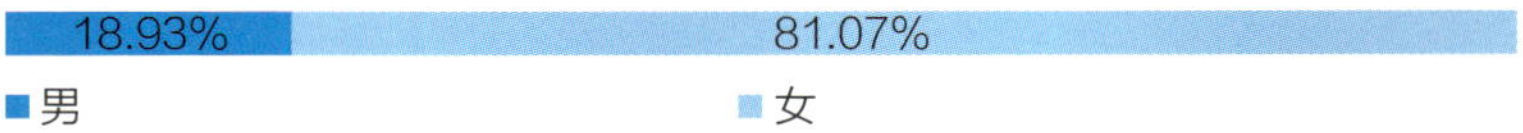

18.93%	81.07%
■男	■女

图 1　性别比例

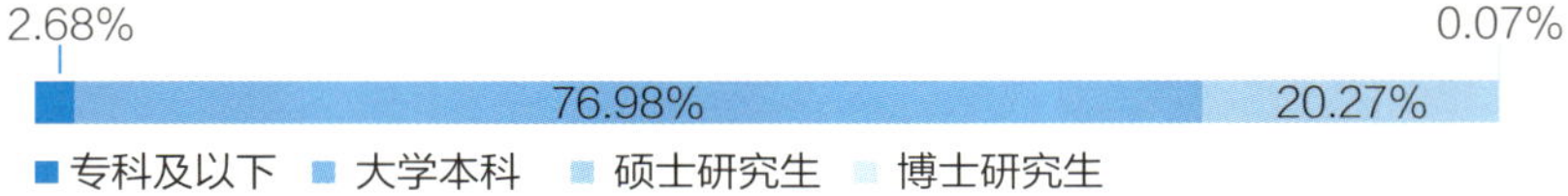

2.68%			0.07%
	76.98%	20.27%	
■专科及以下	■大学本科	硕士研究生	博士研究生

图 2　学历比例

其二，在这些教师中，公办学校教师所占比例较大，为 95.08%
（见图 3）。任教学段最多的是初中段，达到 43.77%；其次是小学高年
级段，占 30.73%（见图 4）。

4.71% 0.14%
0.07%

95.08%

■公办学校　■民办学校　■教育局/教育学院　■其他

图 3　学校性质

7.91% 0.24%
0.76%

16.59%　　30.73%　　　　43.77%

小学低年级段　小学高年级段　■初中段　高中段　■职高段　其他
（1—2年级）　（3—5年级）

图 4　任教学段

其三，参与本次调研的教师在教龄方面分布相对比较均衡，占比
区间最大的是 26 年及以上，达到 24.36%；教龄为 6—10 年的教师占
15.45%；教龄为 11—15 年的教师占 13.42%；教龄为 16—20 年的教
师占 13.18%；教龄为 21—25 年的教师占 12.49%（见图 5）。

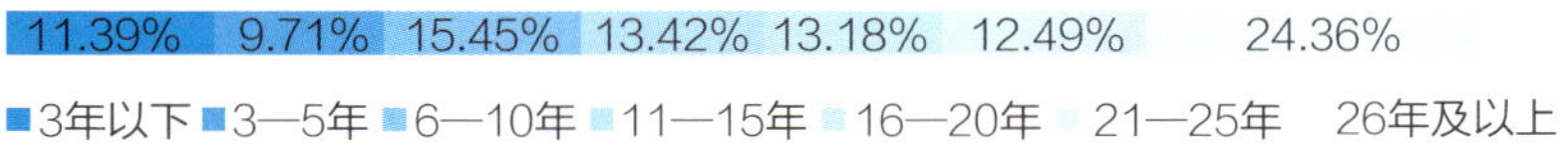

11.39%　9.71%　15.45%　13.42% 13.18%　12.49%　　24.36%

■3年以下■3—5年■6—10年■11—15年■16—20年 21—25年　26年及以上

图 5　教龄分布

其四，参与本次调研的教师以学科教师和班主任为主，其中，
51.51% 的教师为学科教师，38.61% 的教师为班主任（见图 6）。

1.14%
4.13% 1.17%

38.61%　　　　　　51.51%

■班主任　■学科教师　■德育干部　■学校领导■专职心理老师　其他

3.44%

图 6　职务分布

二、家庭教育指导实践及现状调研

（一）教师对家庭教育指导工作的认识调研

调研结果显示，大部分教师都能认识到家庭教育与学校教育关系密切，家庭教育不仅是家长的责任，也是教师需要关注和参与的重要领域。84.38% 的教师认为"学校教育与家庭教育互相支撑，需要密切配合，教师是连接两者的桥梁和纽带"（见图 7）；96.39% 的教师认为"家长需要家庭教育指导"（见图 8）。

84.38%

7.78%

7.32%

0.52%

- 学校教育与家庭教育互相支撑，需要密切配合，教师是连接两者的桥梁和纽带
- 家庭教育是学校教育的延伸，家长需要协助教师做好知识教育工作
- 学校教育侧重知识教育，家庭教育侧重品行教育，两者各司其职，互不相干
- 不了解

图 7　家庭教育与学校教育的关系

96.39%

1.89%

1.72%

需要　　不需要　　不清楚

图 8　家长是否需要家庭教育指导

关于教师开展家庭教育指导工作的重要性，47.56% 的教师认为"非常重要"，27.60% 的教师认为"重要"（见图 9）。55.33% 的教师认为"教师需要承担家庭教育指导的责任"，然而，仍有部分教师对家庭教育指导工作的理解不够深入，34.86% 的教师认为"教师不需要承担

家庭教育指导的责任"（见图 10 ）。

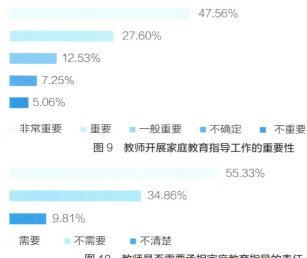

47.56%
27.60%
12.53%
7.25%
5.06%

■ 非常重要 ■ 重要 ■ 一般重要 ■ 不确定 ■ 不重要

图 9 教师开展家庭教育指导工作的重要性

55.33%
34.86%
9.81%

■ 需要 ■ 不需要 ■ 不清楚

图 10 教师是否需要承担家庭教育指导的责任

（二）教师指导家庭教育的实践工作调研

参与本次调研的教师不仅意识到家庭教育指导工作的重要性，同时也在积极开展家庭教育指导工作。73.85% 的教师认为开展家庭教育指导与完成学校教育教学任务"密切相关，相辅相成"（见图 11 ）；74.12% 的教师表示会积极配合家庭教育指导工作（见图 12 ）；85.27% 的教师开展过家庭教育指导工作（见图 13 ）。

73.85%
22.78%
2.48%
0.89%

■ 密切相关，相辅相成 ■ 有一定影响 ■ 关系不大，可有可无 ■ 毫无关系

图 11 开展家庭教育指导与完成学校教育教学任务的关系

图 12　教师对家庭教育指导工作的态度

图 13　教师是否开展过家庭教育指导工作

在开展过家庭教育指导工作的教师群体中，24.05% 的教师每月开展一次家庭教育指导工作，16.21% 的教师每周开展一次家庭教育指导工作，15.24% 的教师每半学期开展一次家庭教育指导工作，10.39% 的教师每学期开展一次家庭教育指导工作（见图 14）。

图 14　教师开展家庭教育指导工作的频率

（三）教师家庭教育指导内容与方法调研

调研结果显示，教师开展家庭教育指导工作的目的包括以下几种：（1）解决学生的问题，占 70.17%；（2）促进家校协同育人，占 67.58%；（3）满足教学工作的需要，占 56.54%；（4）处理学生之间的冲突，占 49.04%；（5）转变家长的育儿观念，占 47.90%（见图 15）。

70.17%
67.58%
56.54%
49.04%
47.90%
42.91%
38.37%
7.67%
0.83%

- 解决学生的问题　　■ 促进家校协同育人　　■ 满足教学工作的需要
- 处理学生之间的冲突　■ 转变家长的育儿观念　■ 缓解家校矛盾
- 传授家长家庭教育方法　■ 领导指派或应付检查　■ 其他

图 15　教师开展家庭教育指导工作的目的

在教师家庭教育指导内容方面，教师更多地关注学生的习惯养成（占 68.44%）、学习能力培养（占 66.66%）、身心发展与心理健康（占 65.83%）、道德品质与行为规范（占 64.25%）（见图 16）。

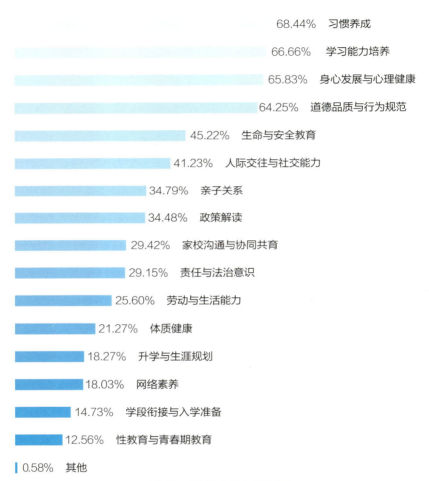

68.44%　习惯养成

66.66%　学习能力培养

65.83%　身心发展与心理健康

64.25%　道德品质与行为规范

45.22%　生命与安全教育

41.23%　人际交往与社交能力

34.79%　亲子关系

34.48%　政策解读

29.42%　家校沟通与协同共育

29.15%　责任与法治意识

25.60%　劳动与生活能力

21.27%　体质健康

18.27%　升学与生涯规划

18.03%　网络素养

14.73%　学段衔接与入学准备

12.56%　性教育与青春期教育

0.58%　其他

图 16　教师家庭教育指导内容

　　教师家庭教育指导方式较为多样，使用最多的是家访或电话沟通，占 71.27%；其他使用较多的方式依次为召开家长会（占 66.07%）、个别约谈（占 54.54%）、借助微信和 QQ 等社交软件沟通（占 53.30%）等（见图 17）。

图 17　教师家庭教育指导方式

（四）家庭教育重点问题调查

在家庭教育指导过程中，教师更加关注"道德与人格修养""身心发展与心理健康""习惯养成""价值观引领与爱国主义教育""生命与安全教育"等家庭教育重点问题（见图 18）；而家长更加希望教师进行"学习能力培养""身心发展与心理健康""道德与人格修养""习惯养成""生命与安全教育"等方面的指导。学习成绩一直是家长关注的重点问题，教师则更加关注学生道德品质和价值观的养成，身心发展与心理健康问题是教师和家长共同关注的问题。

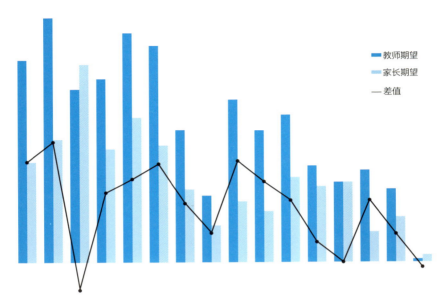

调查内容	家庭教育重点问题														
	价值观引领与爱国主义教育	道德与人格修养	学习能力培养	生命与安全教育	身心发展与心理健康	习惯养成	社交能力	信息媒体素养	责任意识	劳动与生活能力	亲子关系	体质健康	升学与生涯规划	性教育与青春期教育	学段衔接与入学准备	其他
■ 教师期望	67.90	81.90	58.10	61.60	76.80	72.60	44.50	22.40	54.60	44.30	49.50	32.50	27.00	31.00	24.60	1.00
■ 家长期望	33.90	41.40	66.40	38.20	48.70	39.40	24.60	12.40	20.40	17.10	28.70	25.60	27.00	10.20	15.10	2.37
— 差值	34.00	40.50	−8.30	23.40	28.10	33.20	19.90	10.00	34.20	27.20	20.80	6.90	0	20.80	9.50	−1.37

图 18　家庭教育重点问题

　　对于家长在家庭教育中存在的问题，80.25% 的教师认为家长"过度依赖学校教育，家庭教育作用被弱化"，75.57% 的教师认为家长"缺乏科学的家庭教育方法，具有一定的盲目性和随意性"，60.36% 的教师认为家长"教育观念偏差，唯分数论"，60.32% 的教师认为家长"期望过高，忽视孩子身心发展规律"（见图 19）。

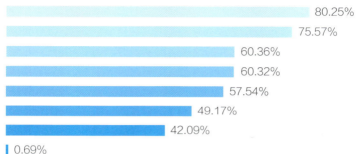

- 过度依赖学校教育，家庭教育作用被弱化 … 80.25%
- 缺乏科学的家庭教育方法，具有一定的盲目性和随意性 … 75.57%
- 教育观念偏差，唯分数论 … 60.36%
- 期望过高，忽视孩子身心发展规律 … 60.32%
- 缺少榜样示范意识，对孩子产生错误影响 … 57.54%
- 缺少亲子陪伴，亲子关系恶化 … 49.17%
- 缺少家校沟通，教育观念不一致 … 42.09%
- 其他 … 0.69%

图 19　家长在家庭教育中存在的问题

（五）教师家庭教育指导效果调查

调研结果显示，大部分教师的家庭教育指导效果较为显著，"比较有效"和"效果很好"分别占 48.93% 和 15.21%（见图 20）。对于家长教育观念转变，40.67% 的教师认为"小部分家长会转变教育观念"，37.85% 的教师认为"大部分家长会转变教育观念"（见图 21）。

比较有效　效果一般　效果很好　不清楚　没有效果

- 比较有效 … 48.93%
- 效果一般 … 28.70%
- 效果很好 … 15.21%
- 不清楚 … 5.20%
- 没有效果 … 1.96%

图 20　教师家庭教育指导效果

40.67%

37.85%

14.12%

7.36%

■ 小部分家长会转变教育观念　■ 大部分家长会转变教育观念
■ 家长都会转变教育观念　■ 家长不会转变教育观念，没有太大意义

图21　家长教育观念转变

三、家庭教育指导能力及培养调研

（一）教师指导家庭教育工作的难点调查

在家庭教育指导工作过程中，77.63% 的教师了解过一些家长的家庭教育需求，14.80% 的教师了解过家长的家庭教育需求，但没有问过家长的意见（见图22）。

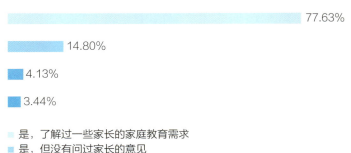

77.63%

14.80%

4.13%

3.44%

■ 是，了解过一些家长的家庭教育需求
■ 是，但没有问过家长的意见
■ 否，没有考虑过
■ 是，但认为家长的家庭教育需求与家庭教育指导工作没有关系

图22　教师是否了解家长的家庭教育需求

调研结果显示，教师在家庭教育指导工作中会面临"时间精力有限，无暇顾及"（占 81.76%）、"家长不配合"（占 57.54%）、"自身缺乏家庭教育指导的知识与技能"（占 55.92%）等问题（见图23）。

时间精力有限，无暇顾及
家长不配合
自身缺乏家庭教育指导的知识与技能
接受指导的对象不固定
学校没有进行相关指导与培训
其他

图23　教师指导家庭教育工作面临的困境

当家庭教育指导工作面临困境时，47.89% 的教师选择"求助有经验的教师"，28.69% 的教师选择"通过阅读各类书籍来查找资料"，21.38% 的教师会"上网寻求帮助"，教师的家庭教育指导能力需要进一步提升（见图24）。

求助有经验的教师　　通过阅读各类书籍来查找资料
上网寻求帮助　　其他

图24　教师应对家庭教育指导问题的方法

（二）教师家庭教育指导能力调查

为了更好地帮助家长提高家庭教育水平，促进孩子的全面发展，教师要进一步提升家庭教育指导能力。30.77% 的教师希望提升"沟通与协调能力"，23.71% 的教师希望提升"认知能力"，23.60% 的教师侧重"家庭教育指导活动设计、组织与实施能力"，21.36% 的教师侧重"学习与反思能力"（见图 25）。

图 25　教师家庭教育指导能力

关于教育学、心理学等家庭教育相关知识的掌握情况，49.55% 的教师比较乐于通过各种方式积极主动地学习家庭教育相关的理论知识和实践方法，18.27% 的教师十分乐于通过各种方式积极主动地学习家庭教育相关的理论知识和实践方法；50.69% 的教师认为自己基本拥有足够的教育学、心理学知识，18.17% 的教师认为自己拥有足够的教育学、心理学知识；49.66% 的教师认为自己在一定程度上拥有科学的家庭教育观念，22.20% 的教师认为自己拥有科学的家庭教育观念（见图 26）。

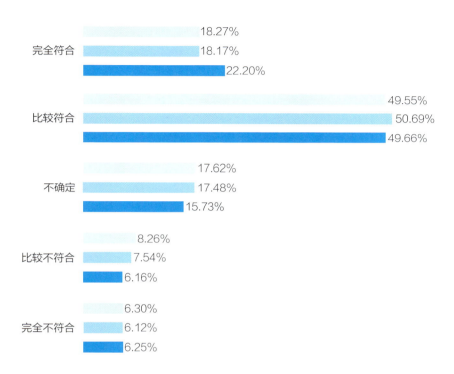

图26 教师掌握家庭教育相关知识的情况

52.00% 的教师认为自己拥有一定的与家长沟通的能力，23.26%
的教师认为自己拥有良好的与家长沟通的能力；大部分教师有能力定期
向家长反馈孩子的在校情况；而当面对祖辈家长时，19.17% 的教师不确
定是否能用老人听得懂的语言与他们交流孩子的教育问题（见图27 ）。

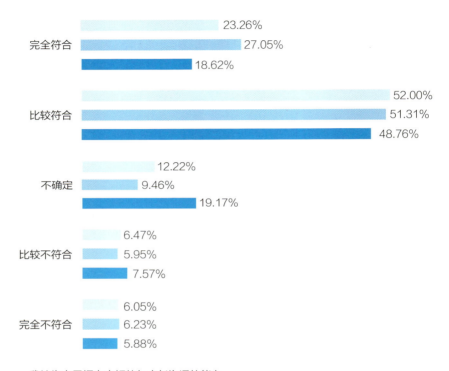

完全符合　23.26%
　　　　　27.05%
　　　　　18.62%

比较符合　52.00%
　　　　　51.31%
　　　　　48.76%

不确定　　12.22%
　　　　　9.46%
　　　　　19.17%

比较不符合　6.47%
　　　　　　5.95%
　　　　　　7.57%

完全不符合　6.05%
　　　　　　6.23%
　　　　　　5.88%

我认为自己拥有良好的与家长沟通的能力
我有能力定期向家长反馈孩子的在校情况
当面对祖辈家长时，我能用老人听得懂的语言与他们交流孩子的教育问题

图 27　家校沟通能力

　　大部分教师认为自己有能力对本班学生的家庭教育现状进行客观科学的分析；面对家庭教育具体问题咨询指导时，对于孩子的学习问题，大部分教师能够提供有效的指导；对于亲子关系问题和心理行为问题，部分教师指导起来有一定的难度，个体咨询指导能力略显不足（见图 28 ）。

图28 家庭教育具体问题咨询指导

在家庭教育指导活动中,大部分教师认为自己有能力做好家访工作和开好家长会,但部分教师不能向家长系统讲解家庭教育相关知识,开展主题讲座和研讨沙龙等群体指导工作的能力略显不足,家庭教育课程、家庭教育指导活动的设计能力也有所欠缺(见图29)。

图 29 家庭教育指导活动

关于家庭教育指导能力提升的途径，29.66% 的教师是"向有经验的教师请教"，25.85% 的教师是"在职培训"，21.20% 的教师是"学习视频、图书等资源"（见图 30 ）。

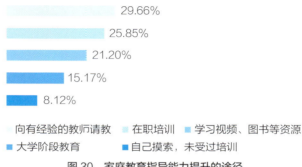

图30　家庭教育指导能力提升的途径

（三）教师家庭教育指导培训调查

通过在职培训获取更多关于家庭教育指导的知识、提升教师自身的指导能力，是目前师资队伍建设的重要途径。关于开展教师家庭教育指导能力培训的必要性，43.43% 的教师认为"非常有必要"，34.00% 的教师认为"重要"，15.69% 的教师认为"一般重要"（见图 31 ）。

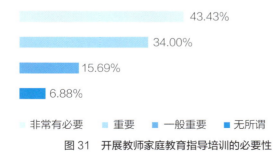

图31　开展教师家庭教育指导培训的必要性

关于参加家庭教育指导培训的目的，认为是"解决教育教学中的问题"的占 23.93%，认为是"提高家长的家庭教育能力"的占 19.64%，认为是"提升自身的专业能力"的占 18.79%，认为是"自我'充电'"的占 14.55%（见图 32）。

23.93%
19.64%
18.79%
14.55%
13.29%
9.39%
0.41%

解决教育教学中的问题　　　　　　■ 提高家长的家庭教育能力
■ 提升自身的专业能力　　　　　　■ 自我"充电"
■ 完成教育行政部门和学校的要求　■ 通过考核，获得继续教育的学分
■ 其他

图 32　参加家庭教育指导培训的目的

（四）教师家庭教育指导能力培养的需求调查

在教师家庭教育指导培训时间的安排上，教师选择最多的是"每学期一次"，占 54.34%；其次是"利用碎片时间，见缝插针"，占 16.41%；接着是"每两个月一次"，占 15.73%；之后是"每月一次"，占 12.35%（见图 33）。

54.34%
16.41%
15.73%
12.35%
1.17%

每学期一次　　　　　■ 利用碎片时间，见缝插针　　■ 每两个月一次
■ 每月一次　　　　　■ 每周一次

图 33　家庭教育指导培训时间安排

在培训方式上，希望"自主参加远程培训"的教师占 61.42%，希望"邀请专家到校培训"的教师占 55.57%，选择"校本培训"的教师占 49.86%，选择"外出参加集中培训"的教师占 31.52%（见图 34）。

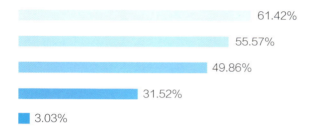

图 34　家庭教育指导培训方式

在培训者的选择上，45.01% 的教师希望选择"家庭教育实践型专家"，29.66% 的教师希望选择"一线有经验的名师"，12.01% 的教师希望选择"家庭教育理论型专家"，11.94% 的教师希望选择"本校有经验的老教师"（见图 35）。

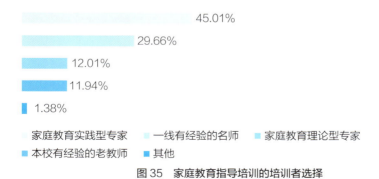

图 35　家庭教育指导培训的培训者选择

在家庭教育指导工作的其他需求上，69.37% 的教师希望"学校组建专门的家庭教育指导教师队伍，专人专职"，62.77% 的教师希望"学校引入专业机构的力量，尽量减轻教师的工作负担"，61.11%的教师希望"国家相关部门出台更多具体的政策和措施"，53.41%的教师希望"国家相关部门尽快落实出台相关政策"，36.30%的教师希望"学校把家庭教育指导工作计入工作量，作为评先评优标准之一"（见图36）。

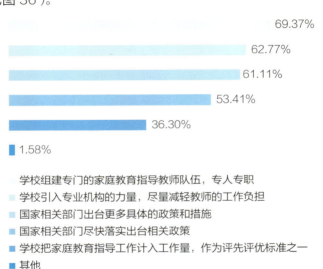

69.37%
62.77%
61.11%
53.41%
36.30%
1.58%

■ 学校组建专门的家庭教育指导教师队伍，专人专职
■ 学校引入专业机构的力量，尽量减轻教师的工作负担
■ 国家相关部门出台更多具体的政策和措施
■ 国家相关部门尽快落实出台相关政策
■ 学校把家庭教育指导工作计入工作量，作为评先评优标准之一
■ 其他

图36　家庭教育指导工作的其他需求

四、结果分析

（一）关于教师家庭教育指导的理念认识

构建和谐的家校关系是教师的重要工作之一。因此，教师的家庭教育指导能力在很大程度上影响着家校关系和家校共育的效果。调研结果显示，大部分教师都能认识到家庭教育的重要性，并认为自己在家庭教育指导中扮演着重要角色。他们普遍认为家庭教育不仅是家长的责任，也是自己需要关注和参与的重要领域。然而，也有部分教师对家庭教育

指导概念和职责的认识不够清晰，对家庭教育的理解不够深入，缺乏系统的家庭教育指导理念，需要进一步加强培训和指导。

（二）关于教师家庭教育指导的能力素养

在实际工作中，大部分教师能在一定程度上为家长提供家庭教育指导，如解答家长在教育孩子过程中遇到的问题、分享教育经验等。但也有教师反映，由于工作繁忙、缺乏专业指导等，他们在家庭教育指导工作的整体规划、家庭教育指导活动的组织实施、针对不同家庭进行差异化和科学性的咨询指导等方面缺乏足够的专业知识和经验积累，进而影响了家庭教育指导的最终效果。

（三）关于教师家庭教育指导的内容

受专业能力的限制，大部分家长缺乏教育学、心理学等方面的专业知识和经验，在家庭教育中缺乏专业、科学的方法指导。因此，教师的家庭教育指导作用显得尤为重要。但调研结果表明，受各方面因素的影响，在开展家庭教育指导时，教师往往更加关注学生的习惯养成、学习能力培养、身心发展与心理健康、道德与人格修养等内容，较少关注学生的责任意识、劳动与生活能力、社交能力、性教育与青春期教育、升学与生涯规划等内容，家庭教育指导内容的针对性不强，缺乏系统性和完善性。

（四）关于教师家庭教育指导的方法

在家庭教育指导方法方面，大部分教师能够采用多种方式与家长进行沟通互动，如召开家长会、家访、电话沟通、借助社交软件沟通等，能够根据孩子的实际情况，提供相应的家庭教育建议和指导。然而，也有部分教师的指导方法略显单一，缺乏创新，如仅开设家庭教育指导课程、组织家庭教育指导讲座等。部分教师的专业能力不足，无法开展有效、有针对性的家庭教育指导，难以满足家长和孩子的多样化需求。

因此，基于问卷调研的分析与结论，研究起草《家庭教育指导能力框架——全员导师制下教师的应知应会》，将教师的家庭教育指导能力细化分类。只有因材施教，有针对性地提升教师的家庭教育指导能力，才能使教师有效帮助家长提高家庭教育水平，促进孩子的全面发展。

家庭教育指导能力框架
——全员导师制下教师的应知应会

为深入贯彻习近平总书记关于"注重家庭、注重家教、注重家风"的重要指示精神，全面落实《中华人民共和国家庭教育促进法》、《教育部关于加强家庭教育工作的指导意见》（教基一〔2015〕10号）、《教育部等十三部门关于健全学校家庭社会协同育人机制的意见》（教基〔2022〕7号）等相关法律法规和文件精神，结合全员导师制相关工作要求，特制定《能力框架》。

一、目的和意义

中小学生全员导师制是新时代教育综合改革背景下，贯彻落实"五育"并举、推进"三全育人"、落实"四全管理"、实现"思想引导、学习辅导、心理疏导、生活指导、生涯向导"等学生全面发展指导的有力举措，其核心是"成为良师益友——为学生发展提供全面指导，做好家校沟通——为家庭教育提供协同指导"。然而，面对家长养育焦虑增加、家庭教育观念多元化、家庭教养环境多样性等挑战，教师的个性化指导能力存在差异，迫切需要提升教师在家庭教育指导方面的能力。因此，研制《能力框架》尤为必要，它旨在明确教师在家庭教育指导工作中应具备的能力素养，为教师家庭教育指导能力培养提供方向指引，因需分层提升教师家庭教育指导的胜任力，以优化全员导师制背景下的家校沟通和家庭教育指导工作，构建家校协同育人合力，推动中小学生全员导师制有效落实，提高育人的科学性、针对性和实效性。

二、适用范围

本框架适用于对全员导师制背景下的中小学教师家庭教育指导能力开展专题培训及评定。本书所指的家庭教育，是指父母或者其他监护人（以下简称"家长"）为促进未成年人全面健康成长，对其实施的道德品质、身体素质、生活技能、文化修养、行为习惯等方面的培育、引导和影响。本书所指的家庭教育指导，是指中小学教师为提高家长教育子女的能力而提供的专业性支持服务和引导。

三、基本原则

（一）坚持立德树人原则

坚持党的教育方针，以促进儿童全面健康成长为目标，以立德树人为根本任务，通过实施科学的家庭教育指导，促使家庭教育在培养德、智、体、美、劳全面发展的社会主义建设者和接班人中发挥重要基础作用。

（二）坚持遵循科学原则

从事家庭教育指导工作的中小学教师应具备相应的专业素质和能力，遵循家庭教育规律，为家长提供科学化、专业化、规范化的家庭教育指导服务。

（三）坚持以儿童为本原则

尊重儿童身心发展规律和个体差异，创设适合儿童成长的必要条件，保护儿童各项权利，促进儿童自然、全面、充分、个性发展。

（四）坚持以家长为主体原则

强化家长在家庭教育中的主体责任，尊重家长意愿，坚持需求导向，积极为家长提供支持和服务，充分调动家长参与的积极性，引导家长提升自身素质，注重家庭建设和良好家风传承，有效促进亲子互动和共同成长。

（五）坚持多元互动原则

统筹各方资源，注重家长、儿童、学校教师、家庭社会工作者、社区工作者等多元主体的互动，促使家庭教育、学校教育、社会教育紧密结合，协调一致，形成合力。

（六）坚持终身学习原则

学习科学的家庭教育理论，了解家庭教育指导的发展趋势和先进经验，优化知识结构，提高能力素养，牢固树立终身学习的意识，具有持续发展的能力。

（七）坚持与时俱进原则

掌握中小学生全员导师制与家庭教育工作的新情况，紧跟家庭教育指导的新形势，了解家庭教育理念的新变化，把握家庭教育指导的新要求，与时俱进，动态调整，学习新知识，锻造新能力。

四、主要内容

《能力框架》是对中小学教师的家庭教育指导能力进行评定和开展专题培训时的重要参考。依照指导情境及职责定位的不同，将中小学教师的家庭教育指导能力分为四个维度（见图 37），每位教师需兼具多个维度的能力。

一是教师家庭教育群体指导能力。教师家庭教育群体指导能力主要是指教师在同一时间段内为多位家长提供家庭教育指导服务应具备的能力素质。具体包括专业认同与专业伦理、沟通与协作能力、课程设计能力、群体授课能力、家庭教育研究能力五个二级维度能力。

二是教师家庭教育个体指导能力。教师家庭教育个体指导能力主要是指教师为家长个体提供个性化指导或个案咨询服务应具备的能力素质。具体包括专业认同与专业伦理、支持与接纳态度、沟通与协作能力、

图 37　教师家庭教育指导能力维度

咨询指导能力、评估与培训能力、家庭教育研究能力、自我觉察与反思能力七个二级维度能力。

三是教师家庭教育活动组织能力。教师家庭教育活动组织能力主要是指教师策划、组织开展家校社协同育人实践活动应具备的能力素质。具体包括沟通与协作能力、活动策划能力、活动组织实施能力、活动评估总结能力四个二级维度能力。

四是教师家庭教育规划实施能力。教师家庭教育规划实施能力主要是指教师规划实施区域、学校、年级、班级的家庭教育指导工作时应具备的能力素质。具体包括法律法规和政策文件学习能力、家庭教育调研能力、数字化运用能力、顶层设计能力、规划实施与评估改进能力、家校社协同育人能力、学习与发展能力七个二级维度能力。

　　四个维度的能力从低到高依次划分为三级、二级、一级三个等级标准。

　　四个维度的具体能力要求和知识要求见表 1。

表 1　家庭教育指导能力框架——全员导师制下教师的应知应会

一级维度	二级维度	等级标准	能力要求	知识要求
教师家庭教育群体指导能力	1. 专业认同与专业伦理	三级标准	1. 能坚持立德树人，以社会主义核心价值观引领家庭教育指导工作 2. 能遵循家庭教育的基本规律 3. 能遵循家庭教育指导工作的基本规律 4. 能平等对待不同职业、不同文化背景、不同经济地位的家长 5. 能尊重不同发展水平、不同家庭背景、不同个性特征的儿童，遵循儿童成长规律	1. 立德树人的基本理念知识 2. 社会主义核心价值观的内涵 3. 家庭教育的基本规律 4. 家庭教育指导工作的基本规律 5. 儿童成长规律
		二级标准	1. 能坚持立德树人，以社会主义核心价值观引领家庭教育指导工作 2. 能遵循家庭教育的基本规律 3. 能遵循家庭教育指导工作的基本规律 4. 能平等对待不同职业、不同文化背景、不同经济地位的家长	1. 立德树人的基本理念知识 2. 社会主义核心价值观的内涵 3. 家庭教育的基本规律 4. 家庭教育指导工作的基本规律 5. 儿童成长规律 6. 家庭教育指导专业价值和时代意义的相关知识

（续表）

一级维度	二级维度	等级标准	能力要求	知识要求
教师家庭教育群体指导能力	1. 专业认同与专业伦理	二级标准	5. 能尊重不同发展水平、不同家庭背景、不同个性特征的儿童，遵循儿童成长规律 6. 能认同家庭教育指导的专业价值和时代意义，不断提升自身的家庭教育指导能力和水平	
		一级标准	1. 能坚持立德树人，以社会主义核心价值观引领家庭教育指导工作 2. 能遵循家庭教育的基本规律 3. 能遵循家庭教育指导工作的基本规律 4. 能平等对待不同职业、不同文化背景、不同经济地位的家长 5. 能尊重不同发展水平、不同家庭背景、不同个性特征的儿童，遵循儿童成长规律 6. 能认同家庭教育指导的专业价值和时代意义，不断提升自身的家庭教育指导能力和水平 7. 能认同家庭教育指导工作是自身的本职工作，积极投入家庭教育指导 8. 能认同教师是协助者，尊重家长在家庭教育中的主体责任地位	1. 立德树人的基本理念知识 2. 社会主义核心价值观的内涵 3. 家庭教育的基本规律 4. 家庭教育指导工作的基本规律 5. 儿童成长规律 6. 家庭教育指导专业价值和时代意义的相关知识

（续表）

一级维度	二级维度	等级标准	能力要求	知识要求
教师家庭教育群体指导能力	2. 沟通与协作能力	三级标准	1. 能根据家长的不同特质，采用相应的沟通技巧 2. 能与班主任、学科教师等不同角色的教师进行合作，共同开展家庭教育指导，分享经验和方法	1. 与具有不同特质的家长沟通的技巧 2. 借助书面语言、口头语言、形体语言沟通的方式和技巧 3. 与不同角色的教师进行合作的要点和技巧
		二级标准	1. 能为社区家庭教育服务站点开展公益性的家庭教育指导服务提供支持 2. 能充分利用各类社会资源开展家庭教育指导	1. 为社区公益性的家庭教育指导服务提供支持的方式 2. 社会资源的种类和利用方式
		一级标准	1. 能与家庭教育指导的相关专业人员、志愿者保持联系和沟通，共同开展家庭教育指导工作 2. 能与妇联、民政等相关部门密切配合，协助儿童福利机构、未成年人救助保护机构、收养登记机构、婚姻登记机构等专门机构提供家庭教育指导服务	1. 借助书面语言、口头语言、形体语言沟通的方式和技巧 2. 对接受救助保护的未成年人的监护人进行家庭教育指导的内容和方法 3. 对收养登记、婚姻登记当事人进行家庭教育指导的内容和方法
	3. 课程设计能力	三级标准	1. 掌握班级学生所处年龄段对应的道德品质、身体素质、生活技能、文化修养、行为习惯等方面的家庭教育指导知识 2. 掌握家庭教育的先进理念和科学的教养方法	1. 班级学生所处年龄段对应的道德品质、身体素质、生活技能、文化修养、行为习惯等方面的家庭教育指导知识 2. 家庭教育的先进理念和科学的教养方法的相关知识

（续表）

一级 维度	二级 维度	等级 标准	能力要求	知识要求
教师家庭教育群体指导能力	3. 课程设计能力	三级标准	3. 掌握弘扬好家风、好家训、好家教的相关知识 4. 掌握家庭教育法律法规及政策的相关知识 5. 能根据班级学生的家庭教育现状和家长需求等因素设定家庭教育指导目标 6. 能根据班级学生的家庭教育现状、家长需求和家庭教育指导目标等因素选择适切的家庭教育指导教学内容 7. 能根据家庭教育指导教学内容制作相应的课件	3. 弘扬好家风、好家训、好家教的相关知识 4. 家庭教育法律法规及政策的相关知识 5. 班级学生的家庭教育现状和家长需求 6. 家庭教育指导目标的设定方法 7. 家庭教育指导教学内容的选择方法 8. 家庭教育指导课件的制作方法
		二级标准	1. 掌握不同学校或年级学生所处年龄段对应的道德品质、身体素质、生活技能、文化修养、行为习惯等方面的家庭教育指导知识 2. 掌握家庭教育的先进理念和科学的教养方法 3. 掌握弘扬好家风、好家训、好家教的相关知识 4. 掌握家庭教育法律法规及政策的相关知识 5. 能根据学校或年级学生的家庭教育现状和家长需求等因素设定家庭教育指导目标 6. 能根据学校或年级学生的家庭教育现状、家长	1. 不同学校或年级学生所处年龄段对应的道德品质、身体素质、生活技能、文化修养、行为习惯等方面的家庭教育指导知识 2. 家庭教育的先进理念和科学的教养方法的相关知识 3. 弘扬好家风、好家训、好家教的相关知识 4. 家庭教育法律法规及政策的相关知识 5. 学校或年级学生的家庭教育现状和家长需求 6. 家庭教育指导目标的设定方法 7. 家庭教育指导教学内容的选择方法

（续表）

一级维度	二级维度	等级标准	能力要求	知识要求
教师家庭教育群体指导能力	3. 课程设计能力	二级标准	需求和家庭教育指导目标等因素选择适切的家庭教育指导教学内容 7. 能根据家庭教育指导教学内容制作相应的课件 8. 能事先预演，熟悉指导内容，预判现场可能出现的问题和家长可能提出的疑问，提前设定解决方案	8. 家庭教育指导课件的制作方法 9. 家庭教育指导现场预演的流程和注意事项
		一级标准	1. 掌握不同年龄段学生的道德品质、身体素质、生活技能、文化修养、行为习惯等方面的家庭教育指导知识 2. 掌握家庭教育的先进理念和科学的教养方法 3. 掌握弘扬好家风、好家训、好家教的相关知识 4. 掌握家庭教育法律法规及政策的相关知识 5. 能根据区域家庭教育现状和家长需求等因素设定家庭教育指导目标 6. 能根据区域家庭教育现状、家长需求和家庭教育指导目标等因素选择适切的家庭教育指导教学内容 7. 能根据家庭教育指导教学内容制作相应的课件 8. 能事先预演，熟悉指导	1. 不同年龄段学生的道德品质、身体素质、生活技能、文化修养、行为习惯等方面的家庭教育指导知识 2. 家庭教育的先进理念和科学的教养方法的相关知识 3. 弘扬好家风、好家训、好家教的相关知识 4. 家庭教育法律法规及政策的相关知识 5. 区域家庭教育现状和家长需求 6. 家庭教育指导目标的设定方法 7. 家庭教育指导教学内容的选择方法 8. 家庭教育指导课件的制作方法 9. 家庭教育指导现场预演的流程和注意事项

（续表）

一级维度	二级维度	等级标准	能力要求	知识要求
教师家庭教育群体指导能力	3. 课程设计能力	一级标准	内容，预判现场可能出现的问题和家长可能提出的疑问，提前设定解决方案 9. 能将自己关于家庭教育指导的观察和思考、身边的案例、经验与教训融入教学内容 10. 能结合时代的变迁、场合的变化、对象的改变等不断更新和适时修改指导内容	10. 家庭教育指导经验与教训、身边的案例等的总结方法 11. 家庭教育指导的时代特征、场合特点和对象特征等相关知识
	4. 群体授课能力	三级标准	1. 能开展线下家庭教育讲座培训 2. 能熟练操作使用数字化设备、软件、平台，开展线上家庭教育指导培训 3. 能根据讲座场合和线上线下形式，采用恰当的语速，并根据家长的教育程度和年龄特点等因素控制语速快慢，适时调整语速 4. 能根据培训内容确定恰当的教学进度，控制现场气氛和讲课节奏	1. 线下家庭教育讲座培训的开展方法 2. 数字化设备、软件、平台的操作使用方法 3. 语速的控制和调整方法 4. 教学进度和讲课节奏的控制方法
		二级标准	1. 能采用小组讨论、角色扮演等方式开展参与式培训 2. 能对困境儿童和灾害背景下的家庭开展家庭教育指导	1. 小组讨论、角色扮演等参与式培训的培训方法 2. 对困境儿童和灾害背景下的家庭开展家庭教育指导的内容和方法

（续表）

一级维度	二级维度	等级标准	能力要求	知识要求
教师家庭教育群体指导能力	4. 群体授课能力	二级标准	3. 能现场示范不同教育情境下的恰当的教养方法，进行实操培训 4. 能熟练操作使用数字化设备、软件、平台，开展线上家庭教育指导培训 5. 具备较好的控场能力，掌握一定的控场技巧，引导培训对象认真倾听，全程投入 6. 能根据培训场合和线上线下形式，采用恰当的语速，并根据培训对象的教育程度和年龄特点等控制语速快慢，适时调整语速 7. 能根据培训内容确定恰当的教学进度，控制现场气氛和培训节奏	3. 儿童教养方法 4. 实操培训方法 5. 数字化设备、软件、平台的操作使用方法 6. 控场技巧的相关知识 7. 语速的控制和调整方法 8. 教学进度和培训节奏的控制方法
		一级标准	1. 能协助专门机构开展专题培训 2. 能录制视频培训课程 3. 能对教师家庭教育群体指导能力开展培训 4. 能熟练操作使用数字化设备、软件、平台，开展线上家庭教育指导培训 5. 具备较好的控场能力，掌握一定的控场技巧，引导培训对象认真倾听，全程投入	1. 协助专门机构开展专题培训的要求 2. 视频培训课程的录制方法和要求 3. 教师家庭教育群体指导能力的培训方法 4. 数字化设备、软件、平台的操作使用方法 5. 控场技巧的相关知识 6. 语速的控制和调整方法 7. 教学进度和培训节奏的控制方法

（续表）

一级维度	二级维度	等级标准	能力要求	知识要求
教师家庭教育群体指导能力	4. 群体授课能力	一级标准	6. 能根据培训场合和线上线下形式，采用恰当的语速，并根据培训对象的教育程度和年龄特点等控制语速快慢，适时调整语速 7. 能根据培训内容确定恰当的教学进度，控制现场气氛和培训节奏	
	5. 家庭教育研究能力	三级标准	1. 掌握家庭教育研究的基本理论 2. 能发放和回收家庭教育研究的调查问卷 3. 能指导调查对象填写调查问卷 4. 能根据访谈提纲对调查对象开展访谈 5. 能整理调查问卷和访谈结果等调查资料	1. 家庭教育研究的基本理论 2. 调查问卷的发放和回收规范 3. 调查问卷的填写规范 4. 访谈的相关知识 5. 调查资料的整理方法
		二级标准	1. 掌握家庭教育研究的基本理论 2. 能掌握和运用科学研究方法，对家庭教育和家庭教育指导的理论与实践问题进行研究分析 3. 能撰写家庭教育和家庭教育指导研究报告	1. 家庭教育研究的基本理论 2. 家庭教育研究方法的相关知识和注意事项 3. 研究报告的撰写方法
		一级标准	1. 掌握家庭教育研究的基本理论 2. 能掌握和运用科学研究	1. 家庭教育研究的基本理论 2. 家庭教育研究方法的相关知识和注意事项

（续表）

一级维度	二级维度	等级标准	能力要求	知识要求
教师家庭教育群体指导能力	5. 家庭教育研究能力	一级标准	方法，对家庭教育和家庭教育指导的理论与实践问题进行研究分析 3. 能结合实际需要，对教师开展家庭教育指导存在的不足与取得的经验进行研究和分析 4. 能撰写家庭教育和家庭教育指导研究报告 5. 能主持和评审与家庭教育相关的研究项目 6. 能评审与家庭教育相关的研究成果	3. 研究报告的撰写方法 4. 家庭教育研究项目的评审要求 5. 家庭教育研究成果的评审要求
教师家庭教育个体指导能力	1. 专业认同与专业伦理	三级标准	1. 能坚持立德树人，以社会主义核心价值观引领家庭教育指导工作 2. 能遵循家庭教育的基本规律 3. 能遵循家庭教育指导工作的基本规律 4. 能平等对待不同职业、不同文化背景、不同经济地位的家长 5. 能尊重不同发展水平、不同家庭背景、不同个性特征的儿童，遵循儿童成长规律 6. 能尊重家长和儿童的隐私权，对咨询对象的个人隐私及所提供的资料保密	1. 立德树人的基本理念知识 2. 社会主义核心价值观的内涵 3. 家庭教育的基本规律 4. 家庭教育指导工作的基本规律 5. 儿童成长规律 6. 家长和儿童隐私保护、资料保密的要求与规范的相关知识

（续表）

一级维度	二级维度	等级标准	能力要求	知识要求
教师家庭教育个体指导能力	1. 专业认同与专业伦理	二级标准	1. 能坚持立德树人，以社会主义核心价值观引领家庭教育指导工作 2. 能遵循家庭教育的基本规律 3. 能遵循家庭教育指导工作的基本规律 4. 能平等对待不同职业、不同文化背景、不同经济地位的家长 5. 能尊重不同发展水平、不同家庭背景、不同个性特征的儿童，遵循儿童成长规律 6. 能认同家庭教育指导的专业价值和时代意义，不断提升自身的家庭教育指导能力和水平 7. 能尊重家长和儿童的隐私权，对咨询对象的个人隐私及所提供的资料保密	1. 立德树人的基本理念知识 2. 社会主义核心价值观的内涵 3. 家庭教育的基本规律 4. 家庭教育指导工作的基本规律 5. 儿童成长规律 6. 家庭教育指导专业价值和时代意义的相关知识 7. 家长和儿童隐私保护、资料保密的要求与规范的相关知识
		一级标准	1. 能坚持立德树人，以社会主义核心价值观引领家庭教育指导工作 2. 能遵循家庭教育的基本规律 3. 能遵循家庭教育指导工作的基本规律 4. 能平等对待不同职业、不同文化背景、不同经	1. 立德树人的基本理念知识 2. 社会主义核心价值观的内涵 3. 家庭教育的基本规律 4. 家庭教育指导工作的基本规律 5. 儿童成长规律 6. 家庭教育指导专业价值和时代意义的相关知识

（续表）

一级维度	二级维度	等级标准	能力要求	知识要求
教师家庭教育个体指导能力	1. 专业认同与专业伦理	一级标准	济地位的家长 5. 能尊重不同发展水平、不同家庭背景、不同个性特征的儿童，遵循儿童成长规律 6. 能认同家庭教育指导的专业价值和时代意义，不断提升自身的家庭教育指导能力和水平 7. 能认同家庭教育指导工作是自身的本职工作，积极投入家庭教育指导 8. 能认同教师是协助者，尊重家长在家庭教育中的主体责任地位 9. 能尊重家长和儿童的隐私权，对咨询对象的个人隐私及所提供的资料保密 10. 真诚热情，表里如一，不会因为担心咨询对象对自己评价不好而说假话 11. 乐于助人，愿意用自己的专业知识和能力为有需要的家庭提供帮助和指导	7. 家长和儿童隐私保护、资料保密的要求与规范的相关知识
	2. 支持与接纳态度	三级标准	1. 富有同理心，善于换位思考和将心比心，能设身处地地对家长的教育困惑和情绪情感进行认知性的觉知、理解与把握	1. 同理心的相关知识 2. 倾听的技巧

（续表）

一级维度	二级维度	等级标准	能力要求	知识要求
教师家庭教育个体指导能力	2. 支持与接纳态度	三级标准	2. 能倾听家长的想法，对家长的倾诉表达尊重	
		二级标准	1. 富有同理心，善于换位思考和将心比心，能设身处地地对家长的教育困惑和情绪情感进行认知性的觉知、理解与把握 2. 能倾听家长的想法，对家长的倾诉表达尊重 3. 能接受家长提出的关于教育的合理建议 4. 能理解家长所面临的压力与困难	1. 同理心的相关知识 2. 倾听的技巧 3. 家长所面临的常见的压力与困难
		一级标准	1. 富有同理心，善于换位思考和将心比心，能设身处地地对家长的教育困惑和情绪情感进行认知性的觉知、理解与把握 2. 能倾听家长的想法，对家长的倾诉表达尊重 3. 能接受家长提出的关于教育的合理建议 4. 能理解家长所面临的压力与困难 5. 能以积极、正向、专业的态度面对家长的质疑 6. 能适时对家长的努力、投入、进步进行认可和鼓励	1. 同理心的相关知识 2. 倾听的技巧 3. 家长所面临的常见的压力与困难 4. 面对家长质疑的正确处理方式 5. 鼓励家长的适当方法

（续表）

一级维度	二级维度	等级标准	能力要求	知识要求
教师家庭教育个体指导能力	3. 沟通与协作能力	三级标准	1. 能向班级学生家长传递子女在校的学习情况、人际交往情况、活动参与情况、当前存在的问题等基本信息 2. 能通过与班级学生家长的沟通，了解学生的个体发展经历、个性特征、家庭教养情况、家庭背景等信息 3. 能根据实际情况采取适当的家校沟通方式，灵活运用传统沟通方式和新媒体沟通方式 4. 能根据班级学生家长的不同特质，采用相应的沟通技巧 5. 能与班主任、学科教师等不同角色的教师进行合作，共同开展家庭教育指导，分享经验和方法	1. 班级学生的在校表现和存在的问题等基本情况 2. 了解班级学生成长背景和家庭背景的方法 3. 与家长沟通的原则 4. 家校沟通中传统沟通方式和新媒体沟通方式的类型 5. 家校沟通中传统沟通方式和新媒体沟通方式的使用方法与技巧 6. 与具有不同特质的家长沟通的技巧 7. 借助书面语言、口头语言、形体语言沟通的方式和技巧 8. 与不同角色的教师进行合作的要点和技巧
		二级标准	1. 能通过与学校或年级学生家长的沟通，了解学生的个体发展经历、个性特征、家庭教养情况、家庭背景等信息 2. 能根据实际情况采取适当的家校沟通方式，灵活运用传统沟通方式和新媒体沟通方式	1. 了解学校或年级学生成长背景和家庭背景的方法 2. 与家长沟通的原则 3. 家校沟通中传统沟通方式和新媒体沟通方式的类型 4. 家校沟通中传统沟通方式和新媒体沟通方式的使用方法与技巧

（续表）

一级维度	二级维度	等级标准	能力要求	知识要求
教师家庭教育个体指导能力	3. 沟通与协作能力	二级标准	3. 能根据学校或年级学生家长的不同特质，采用相应的沟通技巧 4. 能与班主任、学科教师等不同角色的教师进行合作，共同开展家庭教育指导，分享经验和方法 5. 能为社区家庭教育服务站点开展公益性的家庭教育指导服务提供支持 6. 能充分利用各类社会资源开展家庭教育指导	5. 与具有不同特质的家长沟通的技巧 6. 借助书面语言、口头语言、形体语言沟通的方式和技巧 7. 与不同角色的教师进行合作的要点和技巧 8. 为社区公益性的家庭教育指导服务提供支持的方式 9. 社会资源的种类和利用方式
		一级标准	1. 能与家庭教育指导的相关专业人员、志愿者保持联系和沟通，共同开展家庭教育指导工作 2. 能与妇联、民政等相关部门密切配合，协助儿童福利机构、未成年人救助保护机构、收养登记机构、婚姻登记机构等专门机构提供家庭教育指导服务	1. 借助书面语言、口头语言、形体语言沟通的方式和技巧 2. 对接受救助保护的未成年人的监护人进行家庭教育指导的内容和方法 3. 对收养登记、婚姻登记当事人进行家庭教育指导的内容和方法
	4. 咨询指导能力	三级标准	1. 能按要求完成对班级学生家长的一对一会谈 2. 能分析班级学生家长对家庭教育指导的个性化需求 3. 能对家庭教育的常见问题进行解答 4. 能整理谈话资料，建立	1. 与家长一对一会谈的技巧和原则 2. 对家庭教育指导的个性化需求的分析方法 3. 家庭教育常见问题的解决方法 4. 个案资料的整理格式和要求

（续表）

一级维度	二级维度	等级标准	能力要求	知识要求
教师家庭教育个体指导能力	4. 咨询指导能力	三级标准	相应的个案记录档案 5. 能掌握上门家访的原则和技巧	5. 教师家访的原则、技巧和注意事项
		二级标准	1. 能运用科学的测评分析工具，对咨询对象的家庭教育行为和家庭教育情况进行分析和评估 2. 能根据测评结果剖析咨询对象的家庭教育问题，诊断问题的性质和程度 3. 能撰写测评与诊断报告 4. 能帮助咨询对象分析家庭教育相关问题产生的原因 5. 能根据个案的特殊性和实际情况，与咨询对象共同制定家庭教育问题的解决方案 6. 能指导咨询对象实施问题解决方案，动态评估实施效果并及时调整策略 7. 能根据问题解决方案的实施情况，及时进行案例转介 8. 能撰写咨询记录 9. 能定期走访困境儿童家庭，为其建档立卡 10. 能提供突发事件处理的预案并掌握突发事件处理的流程，掌握应急自救和互救的基本技能，指导家长处理突发事件，	1. 家庭教育行为和家庭教育情况测评分析工具的相关知识 2. 家庭教育问题测评与诊断报告的撰写方法 3. 家庭教育问题产生原因的分析流程和要点 4. 家庭教育问题解决方案的制定方法 5. 家庭教育问题解决方案实施效果的评估方法 6. 案例转介的流程和要求 7. 咨询记录的撰写方法 8. 为困境儿童家庭建档立卡的方法 9. 突发事件处理的预案和流程 10. 突发事件应急自救和互救的方式 11. 安抚咨询对象情绪的方法和原则 12. 危机干预的方法和注意事项

（续表）

一级维度	二级维度	等级标准	能力要求	知识要求
教师家庭教育个体指导能力	4. 咨询指导能力	二级标准	安抚咨询对象的情绪，提供危机干预建议	
		一级标准	1. 有敏锐的观察力，能通过观察家长和孩子的语言、状态、行为举止等，从多个角度获取信息 2. 有较好的问题分析能力，通过分析相关问题资料，引导家长洞察问题根源 3. 能对疑难家庭教育案例进行剖析和诊断 4. 能组织相关专家对疑难家庭教育案例进行分析和评估 5. 能制定疑难家庭教育案例解决方案 6. 能指导咨询对象实施疑难家庭教育案例解决方案，动态评估实施效果，及时进行案例转介 7. 能提供突发事件处理的预案并掌握突发事件处理的流程，掌握应急自救和互救的基本技能，指导家长处理突发事件，安抚咨询对象的情绪，提供危机干预建议	1. 提高观察力的训练方法 2. 提高问题分析能力的训练方法 3. 疑难家庭教育案例中常见的家庭教育问题 4. 专家小组的组织方法 5. 疑难家庭教育案例解决方案的制定方法 6. 疑难家庭教育案例解决方案实施效果的评估方法 7. 疑难家庭教育案例转介的流程和要求 8. 突发事件处理的预案和流程 9. 突发事件应急自救和互救的方式 10. 安抚咨询对象情绪的方法和原则 11. 危机干预的方法和注意事项
	5. 评估与培训能力	三级标准	—	—
		二级标准	—	—

（续表）

一级维度	二级维度	等级标准	能力要求	知识要求
教师家庭教育个体指导能力	5. 评估与培训能力	一级标准	1. 能建立评估家庭教育个体指导能力的考核评价体系和机制 2. 能对教师家庭教育个体指导的实施过程进行督导 3. 能定期对教师的家庭教育个体指导能力进行评估 4. 能定期对教师的家庭教育个体指导能力进行培训	1. 评估家庭教育个体指导能力的考核评价体系和机制的建立方法 2. 对教师家庭教育个体指导的实施过程进行督导的规范 3. 教师家庭教育个体指导能力的评估标准和规范的相关知识 4. 家庭教育个体指导能力培训需求的分析方法 5. 家庭教育个体指导能力的培训方式和培训内容的相关知识
	6. 家庭教育研究能力	三级标准	1. 掌握家庭教育研究的基本理论 2. 能运用访谈、观察、测验等调查方法对个案进行研究，收集和整理调查资料	1. 家庭教育研究的基本理论 2. 访谈、观察、测验等调查方法的相关知识 3. 调查资料的整理规范和方法
		二级标准	1. 掌握家庭教育研究的基本理论 2. 能实施个案调查的研究计划与方案 3. 能综合运用访谈、观察、测验等调查方法对个案进行研究，收集、整理和分析调查资料 4. 能撰写个案调查的研究报告	1. 家庭教育研究的基本理论 2. 个案调查研究计划与方案的实施规范和方法 3. 访谈、观察、测验等调查方法的相关知识 4. 调查资料的整理规范和方法 5. 调查资料的分析方法 6. 个案调查研究报告的撰写方法

（续表）

一级维度	二级维度	等级标准	能力要求	知识要求
教师家庭教育个体指导能力	6. 家庭教育研究能力	一级标准	1. 掌握家庭教育研究的基本理论 2. 能确定个案调查的研究目的与内容 3. 能设计和实施个案调查的研究计划与方案 4. 能综合运用访谈、观察、测验等调查方法对个案进行研究，收集、整理和分析调查资料 5. 能撰写个案调查的研究报告 6. 能审核个案调查的研究报告	1. 家庭教育研究的基本理论 2. 个案调查研究目的与内容的确立规范 3. 个案调查研究计划与方案的设计、实施规范和方法 4. 访谈、观察、测验等调查方法的相关知识 5. 调查资料的整理规范和方法 6. 调查资料的分析方法 7. 个案调查研究报告的撰写方法 8. 个案调查研究报告的审核要求
	7. 自我觉察与反思能力	三级标准	1. 在接待学生家长时能有效管理情绪，保持情绪稳定 2. 能客观面对自身在专业方面的不足之处	管理情绪和保持情绪稳定的方法
		二级标准	1. 在开展家庭教育指导工作时能充分调控自身情绪感受，保持情绪稳定 2. 能对自我在家庭教育指导过程中的角色进行觉察和反思 3. 能对自己的家庭教育指导工作进行总结、反思和改进	1. 调控自身情绪感受和保持情绪稳定的方法 2. 自我觉察的相关知识 3. 家庭教育指导业务的相关知识

（续表）

一级维度	二级维度	等级标准	能力要求	知识要求
教师家庭教育个体指导能力	7. 自我觉察与反思能力	二级标准	4. 能主动学习家庭教育指导业务的相关知识，不断提升自身的家庭教育指导能力和专业素质	
		一级标准	1. 能随时进行自我觉察和反思 2. 在遇见引起自身不适感的情形时，能有效调控自身情绪感受，保持情绪稳定 3. 能随时进行自我角色判断，调整自身状态 4. 能对自己的家庭教育指导工作进行总结、反思和改进 5. 能制定和实施个人发展规划，通过主动学习来提高自身的家庭教育个体指导能力和专业素质	1. 自我觉察的相关知识 2. 调控自身情绪感受和保持情绪稳定的方法 3. 个人发展规划的制定和实施方法
教师家庭教育活动组织能力	1. 沟通与协作能力	三级标准	1. 能有效鼓励班级学生家长参与家校活动 2. 能与班主任、学科教师等不同角色的教师进行沟通协作，共同举办班级的家校共育活动	1. 与家长沟通的原则和技巧 2. 与不同人员有效沟通的技巧和策略 3. 借助书面语言、口头语言、形体语言沟通的方式和技巧
		二级标准	1. 能有效鼓励学校或年级学生家长参与家校活动 2. 能与班主任、学科教师等不同角色的教师进行沟通协作，共同举办校级或年级的家校共育活动	1. 与家长沟通的原则和技巧 2. 与不同人员有效沟通的技巧和策略 3. 借助书面语言、口头语言、形体语言沟通的方式和技巧

（续表）

一级维度	二级维度	等级标准	能力要求	知识要求
教师家庭教育活动组织能力	1. 沟通与协作能力	二级标准	3. 能联系校级或年级家校共育活动的讲师或专家 4. 能协调和调动各类场地（馆）、人力等社会资源，利用其开展校级或年级的家庭教育指导活动	4. 家庭教育指导资源的种类和利用方式
		一级标准	1. 能有效鼓励区域学生家长参与家庭教育指导活动 2. 能联系区域家庭教育指导活动的讲师或专家 3. 能与举办活动的不同工作人员沟通和合作 4. 能协调和调动各类场地（馆）、人力等社会资源，利用其开展区域的家庭教育指导活动	1. 与家长沟通的原则和技巧 2. 与不同人员有效沟通的技巧和策略 3. 借助书面语言、口头语言、形体语言沟通的方式和技巧 4. 家庭教育指导资源的种类和利用方式
	2. 活动策划能力	三级标准	1. 能根据活动目标和班级学生家长的需求、年龄、教育程度等选择恰当的家庭教育指导活动形式 2. 能策划家长会、亲子活动等常见的班级家庭教育指导活动 3. 能根据活动形式、对象特征等设计合适的开场形式或破冰活动 4. 能制定班级家庭教育指导活动方案	1. 班级家庭教育指导活动形式的种类和选择 2. 班级家庭教育指导活动的策划方法 3. 家庭教育指导活动开场形式或破冰活动的设计方法及注意事项 4. 家庭教育指导活动方案的制定要求和方法

（续表）

一级维度	二级维度	等级标准	能力要求	知识要求
教师家庭教育活动组织能力	2. 活动策划能力	二级标准	1. 能根据活动目标和学校或年级学生家长的需求、年龄、教育程度等选择恰当的家庭教育指导活动形式 2. 能策划学校或年级的家庭教育指导活动，包括家长会、亲子活动、家长开放日、家长沙龙等 3. 能策划学校或年级的家庭教育指导系列品牌活动 4. 能设计线上线下融合的学校或年级家庭教育指导活动 5. 能根据活动形式、对象特征等设计合适的开场形式或破冰活动 6. 能制定校级或年级家庭教育指导活动方案 7. 能编制海报、手册等宣传资料	1. 学校或年级家庭教育指导活动形式的种类和选择 2. 学校或年级家庭教育指导活动的策划方法 3. 学校或年级家庭教育指导系列品牌活动的策划方法 4. 线上线下融合的学校或年级家庭教育指导活动的设计方法 5. 家庭教育指导活动开场形式或破冰活动的设计方法及注意事项 6. 家庭教育指导活动方案的制定要求和方法 7. 宣传资料的编制要求
		一级标准	1. 能根据活动目标和区域学生家长的需求、年龄、教育程度等选择恰当的家庭教育指导活动形式 2. 能策划家校社协同育人活动 3. 能策划家庭教育论坛、会议等活动 4. 能策划区域的家庭教育指导系列品牌活动	1. 区域家庭教育指导活动形式的种类和选择 2. 家校社协同育人活动的类型和策划方法 3. 家庭教育论坛、会议的策划方法 4. 区域家庭教育指导系列品牌活动的策划方法 5. 线上线下融合的区域家庭教育指导活动的设计方法

家庭教育指导能力框架
——全员导师制下教师的应知应会

（续表）

一级维度	二级维度	等级标准	能力要求	知识要求
教师家庭教育活动组织能力	2. 活动策划能力	一级标准	5. 能设计线上线下融合的区域家庭教育指导活动 6. 能根据活动形式、对象特征等设计合适的开场形式或破冰活动 7. 能制定区域家庭教育指导活动方案 8. 能组织编制海报、手册等宣传资料	6. 家庭教育指导活动开场形式或破冰活动的设计方法及注意事项 7. 家庭教育指导活动方案的制定要求和方法 8. 宣传资料的编制要求
	3. 活动组织实施能力	三级标准	1. 能熟练操作使用数字化设备、软件、平台，开展班级的家庭教育指导活动，发布活动通知 2. 能准备活动所需的材料 3. 能布置活动会场 4. 能组织实施家长会、亲子活动等常见的班级家庭教育指导活动 5. 能协助实施学校或年级的家长会、亲子活动、家长开放日、家长沙龙等家庭教育指导活动	1. 数字化设备、软件、平台的操作使用方法 2. 活动所需材料的准备要求 3. 活动会场的布置要求 4. 班级家庭教育指导活动的组织实施方法 5. 学校或年级家庭教育指导活动的实施流程和要求
		二级标准	1. 能熟练操作使用数字化设备、软件、平台，开展学校或年级的家庭教育指导活动，发布活动通知 2. 能组织实施学校或年级的家庭教育指导活动，包括家长会、亲子活动、家长开放日、家长沙龙等	1. 数字化设备、软件、平台的操作使用方法 2. 学校或年级家庭教育指导活动的实施流程和要求 3. 学校或年级家庭教育指导系列品牌活动的组织实施方法 4. 线上线下融合的学校或

52

（续表）

一级维度	二级维度	等级标准	能力要求	知识要求
教师家庭教育活动组织能力	3. 活动组织实施能力	二级标准	3. 能组织实施学校或年级的家庭教育指导系列品牌活动 4. 能组织实施线上线下融合的学校或年级家庭教育指导活动	年级家庭教育指导活动的组织实施策略和要点
		一级标准	1. 能熟练操作使用数字化设备、软件、平台，开展区域的家庭教育指导活动，发布活动通知 2. 能组织实施家校社协同育人活动 3. 能组织实施家庭教育论坛、会议等活动 4. 能组织实施区域的家庭教育指导系列品牌活动 5. 能组织实施线上线下融合的区域家庭教育指导活动	1. 数字化设备、软件、平台的操作使用方法 2. 家校社协同育人活动的组织实施方法 3. 家庭教育论坛、会议的组织实施方法 4. 区域家庭教育指导系列品牌活动的组织实施方法 5. 线上线下融合的区域家庭教育指导活动的组织实施策略和要点
	4. 活动评估总结能力	三级标准	1. 能收集家长的活动反馈，改进班级的家庭教育指导活动 2. 能在活动开展后分析、评估活动效果，总结经验和教训 3. 能撰写班级活动总结报告	1. 家长反馈的收集方法 2. 活动效果的分析、评估方法 3. 活动总结报告的撰写要求和方法
		二级标准	1. 能收集家长的活动反馈，改进学校或年级的家庭教育指导活动 2. 能在活动实施过程中及时评估、反思，根据实际情况适时调整策略	1. 家长反馈的收集方法 2. 活动效果的分析、评估方法 3. 活动总结报告的撰写要求和方法

（续表）

一级维度	二级维度	等级标准	能力要求	知识要求
教师家庭教育活动组织能力	4. 活动评估总结能力	二级标准	3. 能在活动开展后分析、评估活动效果，总结经验和教训 4. 能撰写学校或年级活动总结报告	
		一级标准	1. 能收集家长的活动反馈，改进区域的家庭教育指导活动 2. 能在活动实施过程中及时评估、反思，根据实际情况适时调整策略 3. 能在活动开展后分析、评估活动效果，总结经验和教训 4. 能撰写区域活动总结报告	1. 家长反馈的收集方法 2. 活动效果的分析、评估方法 3. 活动总结报告的撰写要求和方法
教师家庭教育规划实施能力	1. 法律法规和政策文件学习能力	三级标准	1. 能基本了解家庭教育相关法律法规和政策文件 2. 能领会家庭教育相关法律法规和政策文件的要求	1. 法律法规和政策文件的发布途径 2. 家庭教育相关法律法规和政策文件的重要意义、地位作用、核心内容等相关知识
		二级标准	1. 能全面学习家庭教育相关法律法规和政策文件 2. 能领会、传达并落实家庭教育相关法律法规和政策文件的要求	1. 法律法规和政策文件的发布途径 2. 家庭教育相关法律法规和政策文件的重要意义、地位作用、核心内容等相关知识 3. 家庭教育相关法律法规和政策文件的传达方式

（续表）

一级维度	二级维度	等级标准	能力要求	知识要求
教师家庭教育规划实施能力	1. 法律法规和政策文件学习能力	一级标准	1. 能全面学习家庭教育相关法律法规和政策文件 2. 能深入领会、及时传达并全面落实家庭教育相关法律法规和政策文件的要求	1. 法律法规和政策文件的发布途径 2. 家庭教育相关法律法规和政策文件的重要意义、地位作用、核心内容等相关知识 3. 家庭教育相关法律法规和政策文件的传达方式
	2. 家庭教育调研能力	三级标准	1. 能借助问卷调查法、访谈法等研究方法摸底调查全班学生的家庭教育现状和家长需求 2. 能对收集的调查资料进行分析 3. 能撰写班级的家庭教育现状调查报告	1. 问卷调查法、访谈法等研究方法的设计与实施的相关知识 2. 调查资料的分析方法 3. 调查报告的撰写方法
		二级标准	1. 能借助问卷调查法、访谈法等研究方法调研学校或年级学生的家庭教育现状、家长需求和问题 2. 能组织人员对收集的调查资料进行分析 3. 能指导撰写和审核学校或年级学生的家庭教育现状调查报告 4. 能对学校或年级的家庭教育指导工作现状进行统筹把握和分析	1. 问卷调查法、访谈法等研究方法的设计与实施的相关知识 2. 调查资料的分析方法 3. 调查报告的撰写方法 4. 调查报告的审核要求 5. 学校或年级家庭教育指导的工作内容
		一级标准	1. 能借助问卷调查法、访谈法等研究方法调研区域学生的家庭教育现状、	1. 问卷调查法、访谈法等研究方法的设计与实施的相关知识

（续表）

一级维度	二级维度	等级标准	能力要求	知识要求
	2. 家庭教育调研能力	一级标准	家长需求和问题 2. 能组织人员对收集的调查资料进行分析 3. 能指导撰写和审核区域的家庭教育现状调查报告 4. 能对区域的家庭教育指导工作现状进行统筹把握和分析	2. 调查资料的分析方法 3. 调查报告的撰写方法 4. 调查报告的审核要求 5. 区域家庭教育指导的工作内容
教师家庭教育规划实施能力	3. 数字化运用能力	三级标准	1. 能运用数字工具收集、分析班级学生家长对家庭教育指导的实际需求 2. 能运用数字工具收集家长反馈，改进班级的家庭教育指导工作 3. 能做好班级数据和隐私信息的管理与保护工作	1. 运用数字工具收集、分析班级学生家长对家庭教育指导实际需求的方法 2. 运用数字工具收集家长反馈的方法 3. 班级数据和隐私信息的管理与保护重点
		二级标准	1. 能运用数字工具收集、分析学校或年级学生家长对家庭教育指导的实际需求 2. 能运用数字工具收集家长反馈，改进学校或年级的家庭教育指导工作 3. 能做好学校或年级数据和隐私信息的管理与保护工作 4. 能根据实际需要，收集、选择、管理、制作学校或年级与家庭教育指导相关的数字教育资源	1. 运用数字工具收集、分析学校或年级学生家长对家庭教育指导实际需求的方法 2. 运用数字工具收集家长反馈的方法 3. 学校或年级数据和隐私信息的管理与保护重点 4. 与家庭教育指导相关的数字教育资源的收集、选择、管理、制作方法 5. 数字产品和服务的使用原则 6. 知识产权保护的相关知识

（续表）

一级维度	二级维度	等级标准	能力要求	知识要求
教师家庭教育规划实施能力	3. 数字化运用能力	二级标准	5. 能遵循数字产品和服务的使用原则，尊重知识产权	
		一级标准	1. 能运用数字工具收集、分析区域学生家长对家庭教育指导的实际需求 2. 能运用数字工具收集家长反馈，改进区域的家庭教育指导工作 3. 能做好区域数据和隐私信息的管理与保护工作 4. 能根据实际需要，收集、选择、管理、制作区域与家庭教育指导相关的数字教育资源 5. 能遵循数字产品和服务的使用原则，尊重知识产权	1. 运用数字工具收集、分析区域学生家长对家庭教育指导实际需求的方法 2. 运用数字工具收集家长反馈的方法 3. 区域数据和隐私信息的管理与保护重点 4. 与家庭教育指导相关的数字教育资源的收集、选择、管理、制作方法 5. 数字产品和服务的使用原则 6. 知识产权保护的相关知识
	4. 顶层设计能力	三级标准	能根据班级学生的家庭教育现状、政策法规要求和家长实际需求等制订班级的家庭教育工作计划，制定相应的工作方案	1. 班级家庭教育工作计划的制订方法 2. 班级家庭教育工作方案的制定方法
		二级标准	1. 能推动学校或年级的家庭教育指导工作制度化，建立健全学校或年级的家庭教育指导宣传机制、保障机制等工作机制	1. 学校或年级家庭教育指导工作机制的内容和制度化建设的方法 2. 学校或年级家庭教育年度工作计划的制订方法和工作方案的制定方法

（续表）

一级维度	二级维度	等级标准	能力要求	知识要求
教师家庭教育规划实施能力	4. 顶层设计能力	二级标准	2. 能根据学校或年级学生的家庭教育现状、政策法规要求和家长实际需求等组织制订学校或年级的家庭教育年度工作计划，制定相应的工作方案 3. 能组织构建线上线下融合的学校或年级家庭教育指导体系 4. 能基于学校或年级特色分层分类地组织构建个性化的家庭教育指导课程体系 5. 能制订学校或年级的学期、学年家庭教育指导活动计划 6. 能根据学校实际情况和家长实际需求，组织建设具备家庭教育群体指导能力、个体指导能力、活动组织能力、规划实施能力的师资队伍 7. 能参照家庭教育群体指导能力、个体指导能力、活动组织能力、规划实施能力标准制订学校教师培训计划 8. 能组织构建学校教师家庭教育指导工作的考核标准和评价体系 9. 能组织构建校级、年级、班级三级家长委员会体	3. 线上线下融合的学校或年级家庭教育指导体系的建立方法 4. 学校或年级个性化的家庭教育指导课程体系的构建方法 5. 学校或年级的学期、学年家庭教育指导活动计划的制订方法 6. 具备家庭教育群体指导能力、个体指导能力、活动组织能力、规划实施能力的师资队伍组织建设的相关知识 7. 学校教师培训需求分析 8. 学校教师家庭教育群体指导能力、个体指导能力、活动组织能力、规划实施能力培训计划的制订方法 9. 学校教师家庭教育指导工作考核标准和评价体系的构建方法 10. 校级、年级、班级三级家长委员会体系的构建方法和原则

（续表）

一级维度	二级维度	等级标准	能力要求	知识要求
教师家庭教育规划实施能力	4. 顶层设计能力	二级标准	系，把家长委员会纳入学校日常管理	
		一级标准	1. 能推动区域的家庭教育指导工作制度化，建立健全区域的家庭教育指导宣传机制、保障机制等工作机制 2. 能根据区域学生的家庭教育现状、政策法规要求和家长实际需求等组织制订区域的家庭教育年度工作计划，制定相应的工作方案 3. 能组织构建线上线下融合的区域家庭教育指导体系 4. 能基于区域特色分层分类地组织构建个性化的家庭教育指导课程体系 5. 能制订区域的学期、学年家庭教育指导活动计划 6. 能根据区域实际情况和家长实际需求，组织建设具备家庭教育群体指导能力、个体指导能力、活动组织能力、规划实施能力的师资队伍 7. 能参照家庭教育群体指导能力、个体指导能力、活动组织能力、规划实施能力标准制订区域教师培训计划	1. 区域家庭教育指导工作机制的内容和制度化建设的方法 2. 区域家庭教育年度工作计划的制订方法和工作方案的制定方法 3. 线上线下融合的区域家庭教育指导体系的建立方法 4. 区域个性化的家庭教育指导课程体系的构建方法 5. 区域的学期、学年家庭教育指导活动计划的制订方法 6. 具备家庭教育群体指导能力、个体指导能力、活动组织能力、规划实施能力的师资队伍组织建设的相关知识 7. 区域教师培训需求分析 8. 区域教师家庭教育群体指导能力、个体指导能力、活动组织能力、规划实施能力培训计划的制订方法 9. 区域教师家庭教育指导工作评估体系和规范的构建方法 10. 区域家庭教育项目督导和评估体系的构建方法

（续表）

一级 维度	二级 维度	等级 标准	能力要求	知识要求
教师家庭教育规划实施能力	4. 顶层设计能力	一级标准	8. 能组织构建区域教师家庭教育指导工作的评估体系和规范 9. 能组织构建区域家庭教育项目督导和评估体系 10. 能组织构建中小学家庭教育指导工作的评估体系和规范	11. 中小学家庭教育指导工作评估体系和规范的构建方法
	5. 规划实施与评估改进能力	三级标准	1. 能根据班级的家庭教育工作计划和工作方案，按进度推进相关工作 2. 能建立评价指标体系，评估班级工作计划和工作方案的实施情况，发现执行过程中出现的问题 3. 能根据班级工作计划和工作方案实施情况的评估结果，适时进行调整和改进	1. 项目进度管理的相关知识 2. 班级工作计划和工作方案实施情况评价指标体系的建立方法 3. 班级工作计划和工作方案实施情况的评估和调整方法
		二级标准	1. 能根据学校或年级的家庭教育工作计划和工作方案，按进度推进相关工作 2. 能制定学校或年级与家庭教育指导工作相关的各项规章制度 3. 能建设和运营家长学校、数字家校平台 4. 能制订学校或年级家庭教育指导课程计划，统筹组织课程研发	1. 项目进度管理的相关知识 2. 学校或年级与家庭教育指导工作相关的各项规章制度的制定方法 3. 家长学校、数字家校平台建设的流程和运营的方法 4. 学校或年级家庭教育指导课程计划制订的策略 5. 学校或年级家庭教育指导课程的研发流程和方法 6. 学校或年级的学期、学

（续表）

一级维度	二级维度	等级标准	能力要求	知识要求
教师家庭教育规划实施能力	5. 规划实施与评估改进能力	二级标准	5. 能组织开展学校或年级的学期、学年家庭教育指导活动 6. 能组织开展校级教师家庭教育指导培训 7. 能组建学校或年级家长委员会，指导其日常运营 8. 能建立评价指标体系，评估学校或年级工作计划和工作方案的实施情况，发现执行过程中出现的问题 9. 能根据学校或年级工作计划和工作方案实施情况的评估结果，适时进行调整和改进 10. 能按照教师家庭教育指导工作的考核标准和评价体系，对学校教师的工作量和工作能力进行考核评估 11. 能制定学校的家庭教育课题研究规划，组织学校的家庭教育课题研究工作	年家庭教育指导活动的组织开展方法 7. 组织开展校级教师家庭教育指导培训的相关知识 8. 学校或年级家长委员会的建立流程和原则 9. 学校或年级家长委员会的日常运营重点 10. 学校或年级工作计划和工作方案实施情况相关评价指标体系的建立方法 11. 学校或年级工作计划和工作方案实施情况的评估和调整方法 12. 教师家庭教育指导工作考核标准和评价体系、流程和规范的相关知识 13. 家庭教育课题研究规划的制定方法 14. 家庭教育课题研究工作的组织要点和规范
		一级标准	1. 能根据区域的家庭教育工作计划和工作方案，按进度推进相关工作 2. 能制定区域与家庭教育指导工作相关的各项规章制度	1. 项目进度管理的相关知识 2. 区域与家庭教育指导工作相关的各项规章制度的制定方法 3. 家长学校、数字家校平台建设的流程和运营的方法

（续表）

一级维度	二级维度	等级标准	能力要求	知识要求
教师家庭教育规划实施能力	5. 规划实施与评估改进能力	一级标准	3. 能建设和运营区域家长学校、数字家校平台 4. 能制订区域家庭教育指导课程计划，统筹组织课程研发 5. 能组织开展区域的学期、学年家庭教育指导活动 6. 能组织开展区域教师家庭教育指导培训，并依据培训情况为教师的继续教育赋分 7. 能建立评价指标体系，评估区域工作计划和工作方案的实施情况，发现执行过程中出现的问题 8. 能根据区域工作计划和工作方案实施情况的评估结果，适时进行调整和改进 9. 能按照区域教师家庭教育指导工作的评估体系和规范，对教师的家庭教育指导工作进行考核评估 10. 能按照区域家庭教育项目督导和评估体系，对家庭教育项目进行督导和评估 11. 能按照中小学家庭教育指导工作的评估体系和规范，对中小学的家庭教育指导工作进行考核评估	4. 区域家庭教育指导课程计划制订的策略 5. 区域家庭教育指导课程的研发流程和方法 6. 区域的学期、学年家庭教育指导活动的组织开展方法 7. 组织开展区域教师家庭教育指导培训的相关知识 8. 为教师继续教育赋分的规则和要求 9. 区域工作计划和工作方案实施情况相关评价指标体系的建立方法 10. 区域工作计划和工作方案实施情况的评估和调整方法 11. 教师家庭教育指导工作评估体系和规范、考评流程和要点的相关知识 12. 区域家庭教育项目的督导和评估体系、流程和规范的相关知识 13. 中小学家庭教育指导工作评估体系、流程和规范的相关知识 14. 对中小学家庭教育指导工作进行指导的途径和要点 15. 家庭教育课题研究规划的制定方法 16. 家庭教育课题研究工作的组织要点和规范

（续表）

一级维度	二级维度	等级标准	能力要求	知识要求
教师家庭教育规划实施能力	5. 规划实施与评估改进能力	一级标准	12. 能根据中小学的家庭教育指导工作评估结果对其家庭教育工作进行指导 13. 能制定区域的家庭教育课题研究规划，组织区域的家庭教育课题研究工作	
	6. 家校社协同育人能力	三级标准	1. 能通过家庭联系册、电话、网络等沟通方式与家长保持常态化密切联系，帮助家长及时了解学生在校日常表现，与家长建立信任、合作关系 2. 能充分利用和合理分配各类场地（馆）、人力等社会资源开展班级的家庭教育指导工作	1. 与家长沟通的原则 2. 与家长沟通的途径和方法 3. 家庭教育指导资源的种类和利用方式
		二级标准	1. 能统筹调动和利用各类场地（馆）、人力等社会资源开展学校或年级的家庭教育指导工作 2. 能建立学校家庭教育指导专家库资源 3. 能主动加强与有关单位的协同沟通，并建立相对稳定的家庭教育指导合作关系，发挥各自的优势，联合提供家庭教育指导服务	1. 家庭教育指导资源的种类和利用方式 2. 学校家庭教育指导专家库资源的建立方法 3. 与有关单位协同合作开展家庭教育指导工作的方法和技巧

（续表）

一级维度	二级维度	等级标准	能力要求	知识要求
教师家庭教育规划实施能力	6. 家校社协同育人能力	一级标准	1. 能统筹调动和利用各类场地（馆）、人力等社会资源开展区域的家庭教育指导工作 2. 能建立区域家庭教育指导专家库资源 3. 能主动加强与有关单位的协同沟通，并建立相对稳定的家庭教育指导合作关系，发挥各自的优势，联合提供家庭教育指导服务 4. 能整合家庭、学校、社区资源，指导落实家校社协同育人工作	1. 家庭教育指导资源的种类和利用方式 2. 区域家庭教育指导专家库资源的建立方法 3. 与有关单位协同合作开展家庭教育指导工作的方法和技巧 4. 家庭、学校、社区资源的整合方法
	7. 学习与发展能力	三级标准	1. 能主动学习其他教师在开展班级家庭教育指导工作方面的先进经验 2. 能结合本班情况和家庭教育现状，运用和发展学习到的家庭教育先进经验 3. 能制定并实施个人发展规划，通过主动学习来提高自身的家庭教育规划实施能力	1. 家庭教育先进经验的来源渠道和获取方法 2. 本班情况和家庭教育现状 3. 家庭教育规划实施能力个人发展规划的制定方法
		二级标准	1. 能主动学习其他学校或年级在开展家庭教育指导工作方面的先进经验 2. 能结合学校或年级特色和家庭教育现状，运用和发展学习到的家庭教育先进	1. 家庭教育先进经验的来源渠道和获取方法 2. 学校或年级特色和家庭教育现状 3. 家庭教育规划实施能力个人发展规划的制定方法

（续表）

一级维度	二级维度	等级标准	能力要求	知识要求
教师家庭教育规划实施能力	7. 学习与发展能力	二级标准	经验 3. 能制定并实施个人发展规划，通过主动学习来提高自身的家庭教育规划实施能力	
		一级标准	1. 能主动学习其他区域在开展家庭教育指导工作方面的先进经验 2. 能结合本地特色和家庭教育现状，运用和发展学习到的家庭教育先进经验 3. 能制定并实施个人发展规划，通过主动学习来提高自身的家庭教育规划实施能力	1. 家庭教育先进经验的来源渠道和获取方法 2. 本地特色和家庭教育现状 3. 家庭教育规划实施能力个人发展规划的制定方法

图书在版编目（CIP）数据

家庭教育指导能力框架：全员导师制下教师的应知应会 / 李敏，宋崔，金德江著. — 上海：上海教育出版社，2024.12. — ISBN 978-7-5720-2973-8

Ⅰ. G782

中国国家版本馆CIP数据核字第2024393UN3号

责任编辑　杜金丹

封面设计　肖禹西

家庭教育指导能力框架：全员导师制下教师的应知应会

李敏　宋崔　金德江　著

出版发行	上海教育出版社有限公司
官　　网	www.seph.com.cn
地　　址	上海市闵行区号景路159弄C座
邮　　编	201101
印　　刷	上海昌鑫龙印务有限公司
开　　本	890 × 1240　1/32　印张 2.25
字　　数	56 千字
版　　次	2024年12月第1版
印　　次	2024年12月第1次印刷
书　　号	ISBN 978-7-5720-2973-8/G·2631
定　　价	36.00 元

如发现质量问题，读者可向本社调换　电话：021-64373213